AF232465

SYSTÈMES DE CONSTRUCTIONS ÉCONOMIQUES

Médaille d'argent de 1ʳᵉ classe, à l'Exposition universelle de 1867.

LES

MAISONS DE GRAND RAPPORT

ET

LES LOYERS A BON MARCHÉ

PAR

Stanislas FERRAND,

ARCHITECTE-INGÉNIEUR.

Prix : 1 franc.

PARIS

CHEZ L'AUTEUR,

RUE DE LA PAIX, 25 (PLACE DE L'OPÉRA, 3).

1871

AVANT-PROPOS.

Les systèmes nouveaux de constructions économiques s'imposent à nous, aujourd'hui plus
que jamais, au même degré que s'imposent à la
France la rénovation radicale de son corps poli-
tique, militaire et social.

« Assez de vieilleries, assez de retapage, assez
« de ces théories usées sur la pondération néces-
« saire entre nos habitudes et nos besoins, assez
« de routine! » C'est le cri de tous.

L'ère des réformes générales est ouverte.

Tout est à refaire en France.

Nous n'avions pas d'Architecture, mais un art
bâtard, sans principes réguliers, sans résultats
dignes du nom français. Arrangement souvent
habile des défroques antiques et des moyens
modernes, éclectisme parfois heureux, mais rien
de typique, rien qui fût l'expression de l'esprit
national.

Et surtout peu d'œuvres nées de l'union fé-
conde de l'art et de la science.

Les problèmes économiques que la loi inévi-
table du progrès a imposés à la génération
moderne sont restés, en ce qui concerne l'Architecture, sans solution :

La démocratisation de la propriété immobilière ;

Les loyers à bon marché.

Deux questions capitales non résolues, deux besoins immenses et généraux non satisfaits.

L'un et l'autre prenant place au milieu de nos plus graves préoccupations d'avenir.

Que demande, avec raison, la Démocratie?

La reconnaissance effective d'un droit naturel : le droit au sol, le droit à l'immeuble.

Sans doute, il est admis par tout le monde, respecté et protégé par les lois ; mais des barrières matérielles considérables s'opposent à sa complète expansion.

Les unes sont élevées par les lois mêmes, qui entourent les transferts de formalités chicanières et de taxes onéreuses. Les autres sont produites par l'insuffisance de nos institutions de crédit. D'autres encore, et non les moins graves, viennent des systèmes usuels de construction, luxueux, dispendieux, ne se pliant pas aux besoins de la masse populaire, inabordables à elle.

Aux deux premières restrictions que nous venons d'énoncer, nos législateurs peuvent seuls apporter remède. C'est pour eux un devoir étroit. A côté des hautes questions politiques qu'ils ont à traiter, ayant pour but la reconstitution morale de notre cher et malheureux pays, se pose la question brutale des intérêts matériels de la France.

Nous avons autant besoin de réformes matérielles que de réformes morales. Nous avons

besoin de liberté et d'économies dans les trans-
actions immobilières ; nous avons besoin d'institutions de crédit qui, sans augmenter la masse
des capitaux disponibles, en multiplient les effets
et la puissance, qui satisfassent les légitimes
aspirations du peuple à la propriété.

L'économie, scientifiquement entendue, ap-
portée dans les constructions populaires, est la
troisième réforme, le troisième et immense progrès qui reste à réaliser.

Toutes les classes de la société sont intéressés
à son accomplissement. Riches ou pauvres, propriétaires ou locataires, nous désirons tous, soit
une maison peu coûteuse, bien bâtie, et d'un
revenu certain, soit un logis agréable, un loyer
modéré.

C'est à l'initiative privée qu'il appartient de
résoudre ce problème d'intérêt universel.

Depuis six ans bientôt nos efforts personnels,
nos études spéciales, sont dirigés vers ce but que
nous croyons, avec une légitime fierté — et les
constructions économiques nombreuses que nous
avons édifiées, nous donnent ce droit — avoir
atteint.

Au point de vue même particulier de la spécu-
lation honnête, les constructions économiques,
comprises comme nous les comprenons, offrent
une vaste et riche carrière à l'activité humaine.

Partout où l'industrie appelle un peuple de

travailleurs ou de consommateurs; dans les villes manufacturières comme dans les villes élégantes, cités des arts libres et de la fashion; dans les campagnes où le paysan travaille comme dans celles où le citadin se repose; partout où il y a des hommes à loger, des enfants à instruire, des bêtes à parquer, des produits à fabriquer : une Architecture basée sur les principes nouveaux, méthodique et scientifique, populaire et économique, expression positive de nos besoins, nationale, en un mot, apparaît comme une nécessité impérieuse.

Depuis l'hôtel jusqu'à la maison ouvrière, depuis la maison à gros loyers jusqu'à celle à petits logements, depuis la salle de spectacle jusqu'à la maison d'école, depuis l'usine opulente jusqu'à l'atelier, depuis la ferme-modèle jusqu'au rustique *home* du laboureur, au sommet comme à la base, les principes d'Architecture économique et populaire, dont nous sommes l'apôtre résolu et persévérant, s'appliquent et triomphent.

C'est aux hommes spéciaux en l'art de bâtir, c'est aux propriétaires, aux industriels, au peuple-locataire, bourgeois et travailleurs, à qui j'adresse cette étude, de juger si l'œuvre que je poursuis est une œuvre de progrès et mérite leur concours sympathique.

SYSTÈMES DE CONSTRUCTIONS ÉCONOMIQUES

Médaille d'argent de 1re classe, à l'Exposition universelle de 1867.

LES
MAISONS DE GRAND RAPPORT

ET

LES LOYERS A BON MARCHÉ

I.

Le problème à résoudre est de construire des maisons de rapport à bon marché, solides, commodes, agréables à habiter, d'un entretien peu coûteux, avec d'excellents matériaux, incombustibles et inaltérables à l'air.

Tout d'abord, j'admets comme point de départ ce principe architectural trop méconnu : *Le vrai seul est simple, le simple seul est bon marché, le vrai seul est beau.*

La qualité du vrai est d'être l'expression exacte d'un véritable besoin. Prenons un exemple : Un homme possède une grande fortune, reçoit tous les jours beaucoup de monde, donne des soirées, des fêtes, etc., et a besoin de se loger. Evidemment, son hôtel pourra être très-riche, très-orné et cependant être simple. Il sera en rapport avec sa fortune, il répondra aux besoins de la position sociale qu'il occupe et aux nécessités de sa vie publique et privée.

Cependant, cet hôtel simple pour lui, vrai par conséquent, au point de vue de l'art, ne sera ni simple, ni vrai pour une autre personne retirée des affaires avec dix mille francs de revenus.

Le simple est donc subordonné au vrai; faites une construction vraie, elle sera simple et bon marché.

Mais justement, le vrai, dans toute chose, et en architecture particulièrement, est très-difficile à trouver; il faut de patientes études, des recherches incessantes, beaucoup de désintéressement, et l'amour de son art, pour produire des œuvres qui en soient inspirées.

Une construction bien faite peut être comparée à un corps humain bien proportionné.

La maison, comme l'homme, a son être physique et son être moral. Son être physique, ce sont les murs, les piles, les planchers, etc.; son être moral, c'est l'art qu'elle exprime, le charme qu'elle répand, la pensée de l'architecte qu'elle reflète dans toute son étendue, dans toute sa pureté.

De même qu'un homme bien doué d'esprit et de corps exprime, à première vue, la force, l'intelligence, l'elévation des idées, de même une maison bien construite exprime, à première vue, la solidité, la sécurité, le bien-être physique de ses habitants et ses conséquences morales.

Le *style* d'une façade a une relation remarquable avec le style d'un livre. Je lis une page d'un auteur aimé, pleine d'idées, de sentiments ; la phrase épurée, ciselée, frappe agréablement mon oreille ; je comprends sans efforts la pensée qu'elle revêt ; je suis pénétré, ému, transporté ; je dis alors que le style est beau, parce qu'il agit sur mon esprit et me fait éprouver les sensations exprimées par le livre.

Si, au contraire, la pensée de l'écrivain se dégageait péniblement de phrases embrouillées ; si mon intelligence avait peine à la comprendre ; si je restais indifférent à la lecture de cette page, je dirais que le style est mauvais, et que le livre est sans valeur.

Il en est de même d'une maison.

Voilà un grand bâtiment à colonnes, à pilastres, à frontons. J'en ignore la destination. Que peut-il être ?

Je l'étudie en vain.

Cette ordonnance banale, sans caractère, sans esprit, ne me révèle rien.

C'est une caserne, ou un hôpital, ou un hôtel meublé, ou un ministère, ou un bazar.

Je dis alors que, quelle que soit sa destination, cet édifice est une œuvre mauvaise.

Mais voici une construction toute différente ; je lis sur sa façade ce qu'elle est, ce qu'elle vaut. Ces grandes baies au rez-de-chaussée, ces plus petites au premier, ces plus petites encore au deuxième ne me laissent aucun doute. J'ai devant les yeux un hôtel, l'habitation d'un riche particulier. La disposition des pleins et des vides, des bandeaux, des saillies, des profils, est pour moi de la dernière éloquence. Je sais, sans franchir le seuil de la porte, ce que l'hôtel peut renfermer de pièces, ce qu'elles sont ; je vois sans effort quel mode de construction a été suivi ; l'hôtel m'apparaît enfin comme une pièce d'anatomie complète. Et dans les lignes de la façade, dans sa physionomie, dans son *air,* je devine la pensée de l'artiste qui a su rendre expressives les pierres et les briques de cette habitation. Je dis alors que le style de cette construction est pur, vrai, beau.

Il y a donc deux problèmes bien distincts à résoudre pour bâtir une maison : la construction et l'art. Ils sont inséparables. La construction sans l'art n'est qu'un grossier amas de pierres, qui blesse le regard et ne dit rien à l'esprit. L'art sans la construction n'a aucune raison d'être et n'est pas.

Dans une maison à bon marché, la difficulté du problème est plus grande que dans toute autre construction. Il faut choisir une matière à bas prix, solide; il faut en étudier l'emploi, les effets; il faut l'économiser précieusement, la distribuer avec ordre, précision, et il faut qu'elle exprime des idées comme l'encre avec laquelle je trace ces lignes, exprime ma pensée par la forme que je leur donne.

Tout l'esprit, toute la science, toute l'expérience de l'architecte sont nécessaires à la solution de ce problème.

Il n'a point, comme dans les constructions de luxe, les ressources de matériaux de choix, le prestige des peintures ou des sculptures.

Il doit être vrai dans l'acception la plus absolue du mot.

La matière qu'il emploie est simple, sa forme sera simple; rien ne le sauvera s'il pèche contre le goût, contre les lois immuables du beau. La moindre faute paraîtra sur sa maison comme une tache d'huile sur le vélin.

II.

Les matériaux les plus variés ont servi déjà dans ces prétendues constructions économiques essayées jusqu'à ce jour : la brique crue — dans certaines localités — les plâtras, les vieilles pierres, les pans-de-bois, etc.

1.

Ce sont là de fâcheuses économies.

La brique crue se détrempe à l'eau, les plâtras engendrent le *salpêtre* et ne supportent aucune charge; les vieilles pierres, les pans-de-bois ont les plus déplorables inconvénients.

La science dédaigne ces moyens. Il ne s'agit pas, en effet, de construire à bon marché de vulgaires maisons, sans solidité, sans confort, sans esprit, sans art. Il s'agit, au contraire, d'édifier avec des matériaux de premier choix, de grande durée, des maisons *économiques*, bien distribuées, réunissant, à l'intérieur, toutes les utilités de la vie, et à l'extérieur, tous les charmes qui séduisent les regards et le goût.

C'est l'application de combinaisons architecturales sérieusement étudiées; c'est la science si complexe du constructeur ; c'est l'imagination de l'artiste, qui, réunies, peuvent seules résoudre le problème des constructions économiques.

La maison type n° 1, dont les plans sont ci-joints, est un spécimen de maison à bon marché; elle se compose d'une cave avec parties en soussol, d'un rez-de-chaussée, de cinq étages carrés et d'un étage lambrissé. Il y a deux logements par étage, composés chacun d'une antichambre, d'un salon, d'une salle à manger, de trois chambres à coucher, d'une cuisine et des privés. Nous supposons que la maison est à élever dans un quartier

ordinaire, sur un terrain de 250 à 300 fr. le mètre, et qu'elle n'aura pas d'escalier de service.

Cette maison revient à 400 fr. le mètre superficiel. Sa construction diffère beaucoup de celle
des constructions ordinaires ; c'est pourquoi nous
en donnons ci-dessous la description un peu
complète.

Ce système repose sur les principes suivants :

Suppression des points d'appuis en maçonnerie
à larges sections ;

Suppression des murs de refend ;

Suppression des murs de face en grosse maçonnerie ;

Suppression des planchers en fer à solives rap-
prochées ;

Emploi de la fonte en colonnes creuses pour
tous les points d'appui verticaux, et à tous les
étages indistinctement, avec système d'emboîte-
ment permettant la visite des assemblages ;

Emploi pour les planchers de voûtes légères,
en briques creuses, portant sur des solives en
tôle, avec sabot de métal ;

Isolement du fer et de la fonte d'avec la maçonnerie ;

Emploi de cloisons distancées en briques
minces creuses, pour les murs de face ;

Ventilation de toutes les pièces ;

Ornementation rationnelle, résultant du sys-

tème de construction , et de la nature des matériaux employés.

AVANTAGES DU SYSTÈME.

1° Économie de terrain :

La suppression des murs de refend , l'emploi
des murs de face et de points d'appui à faible
section, diminuent les surfaces occupées au profit
des surfaces propres à l'occupation, et constituent
par là une économie de terrain très-remarquable.

2° Économie de construction :

La fonte, substance rigide, capable d'une
grande résistance à la compression, permet d'é-
viter l'emploi d'un grand nombre de points d'appui, économise la matière et la main-d'œuvre.

Les planchers de voûtes légères en briques
creuses , portant sur des poutrelles en tôle, ont
le double avantage d'être beaucoup plus inso-
nores que les planchers ordinaires hourdés en
plâtre et à meilleur marché.

La tôle, substance flexible, malléable, ductile,
capable d'une grande résistance à l'extension ,
résistant aux chocs et aux vibrations violentes,
se prête admirablement à ces hardiesses de construction.

Dans l'axe des solives et sur l'aile supérieure
existe un tirant posé parallèlement au mur de
face , aux deux extrémités duquel sont placées
des ancres.

Entre les solives sont les voûtes en briques creuses, du moule 0,30 × 0,12 × 0,10, ayant une résistance considérable et portant sur des sommiers de fonte.

La poussée des voûtes aux retombées des solives est neutralisée par la poussée contraire. Sur les murs mitoyens, les voûtes extrêmes sont perpendiculaires aux autres et portent sur des solives en tôle encastrées d'un bout dans le mur mitoyen, et portant, de l'autre, sur la première colonne de la façade. Ces voûtes ainsi construites servent de puissantes culées à toutes les autres voûtes.

Toutes les solives sont apparentes, franchement accusées et isolées de la maçonnerie. Le métal ainsi préservé de toute action chimique, étrangère à sa nature, doit conserver indéfiniment ses qualités initiales, sa première élasticité et sa puissance de durée.

Dans ce système de construction, toutes les charges étant ramenées sur les colonnes de fonte, les murs de face n'ont plus rien à porter. Leur rôle est donc réduit à protéger l'habitation intérieure contre les variations de la température extérieure. Il y a là deux exigences à satisfaire : l'hygiène et l'acoustique ; l'hygiène, en empêchant le passage des fluides atmosphériques de l'extérieur à l'intérieur ; l'acoustique, en évitant la transmission du bruit.

Afin de résoudre ce double problème, nous re-
poussons, tout d'abord, l'emploi des murs en
moellon ou en pierres tendres, pour les raisons
suivantes :

Le mur en moellon, ou en pierres tendres, n'est
solide que quand sa section est grande ;

Dans le système proposé, les murs de face ne
supportant aucune charge, la construction à fortes
épaisseurs n'a plus raison d'être.

Le moellon, comme tous les carbonates de
chaux tendres, est poreux, absorbe facilement
l'humidité de l'air, et constitue un bon conduc-
teur des éléments atmosphériques.

Les parements, toujours irréguliers, du moellon, nécessitent des enduits de plâtre d'un prix
élevé et d'un entretien dispendieux.

La faible capacité de résistance et de dureté de
ces matériaux exige des linteaux en fer pour l'ap-
pareil des croisées.

Sa densité considérable et les proportions mas-
sives qu'exige son emploi, nécessitent la construction de points d'appui très-résistants et coûteux.

Par l'action lente de l'air, le carbonate de chaux
se décompose, les molécules se désagrégent et
l'invasion des sels étrangers active la destruction
qui devient rapide.

Dans les incendies, le calcaire se décompose
facilement par la chaleur et se transforme en

chaux, ce qui occasionne l'écroulement immédiat de l'édifice.

Les murs en moellons et les travaux d'enduits qu'ils nécessitent sont d'un prix élevé (14 fr. par mètre superficiel, sans autre moulure qu'un bandeau à chaque étage).

Les murs de face de la maison-type sont exclusivement en briques à tous les étages, ils sont composés chacun d'une cloison double en briques creuses, de 0,17 d'épaisseur, d'un modèle spécial.

La première cloison forme parement extérieur, la seconde parement intérieur. Entre lesdites est un vide de 0,09 de largeur sur toute la hauteur des cloisons.

Les avantages de cette construction sont les suivants :

Emploi de matériaux d'une grande solidité (les silicates alumineux sont les corps les plus impérissables de la nature).

Économie de terrain : le mur n'aura que 0,17 d'épaisseur.

Économie de construction : la double cloison coûtera 5 fr. le mètre superficiel.

Cette disposition de cloisons, séparées par une couche d'air, est heureuse au double point de vue de l'hygiène et de l'acoustique.

Au moyen des colonnes creuses, l'air venant d'une partie de la cave sera envoyé au premier étage dans le vide compris entre les deux cloisons de briques, et continuera son mouvement ascensionnel jusqu'au grenier dans lequel il aura accès.

Les variations fréquentes de la température extérieure sont une des grandes causes de l'insalubrité des habitations.

Dans les constructions ordinaires, où les murs de face sont en moellons, hourdés et enduits de plâtre, que se passe-t-il lors d'un changement subit d'une température chaude à une température froide ou humide?

Dans ce cas, l'air saturé d'hydrogène, mais rendu lourd par un mélange abondant de carbone, d'acide carbonique et de diverses substances miasmatiques, frappe le premier enduit de plâtre extérieur (le ravalement), filtre au travers, passe dans les pores du moellon (qui est presque aussi hygrométrique que le plâtre), dans les joints, et arrive à l'intérieur en traversant le dernier enduit.

Dans le système proposé ce danger n'est plus à redouter : en effet, le silicate alumineux est infiniment moins hygrométrique que le carbonate de chaux tendre, et sa capacité d'absorption est par cela même considérablement plus faible.

Les joints de mortier de chaux hydraulique employés dans la construction proposée, sont aussi moins bons conducteurs que les joints de plâtre. L'air extérieur aura donc une influence beaucoup moins grande sur la brique que sur le moellon.

La brique creuse a, en outre, un pouvoir isolant énergique; mais en raison de la faible épaisseur de cette brique, il faut admettre que l'air extérieur pénétrera par la première cloison jusqu'au vide qui la sépare de la seconde.

Là, s'accomplit un phénomène physique remarquable.

Nous l'avons dit : le vide compris entre les deux cloisons forme prise d'air dans une partie de la cave spécialement affectée à cet usage et débouche dans le grenier.

La température de la cave sera en toute saison de 12 à 14 degrés.

Elle est ainsi obtenue par le mode d'aération qui y est appliqué. Il y aura donc constamment dans l'épaisseur des murs de face un matelas d'air ayant en moyenne 13 degrés de chaleur.

Le courant part de la cave, traverse dans le tube des colonnes la hauteur du rez-de-chaussée, arrive au premier étage entre les deux cloisons, se répand uniformément dans la capacité qu'elles forment entre elles, traverse toute la hauteur des autres étages, et sort en plein air par les châssis du comble et d'autres ouvertures, qui sont ménagées d'après l'orientation de la maison.

En hiver, l'air froid ou humide venant de l'extérieur, pénétrant par la première cloison, est échauffé par le courant ascensionnel de 13 degrés, et chassé rapidement au-dessus du comble.

En été, l'air chaud refroidi par l'air frais de la cave, est de même entraîné au dehors par la puissance du courant.

Ainsi, grâce à cette ventilation simple, énergique, ne coûtant rien, l'habitation intérieure se trouve, en toute saison, enveloppée d'une atmosphère uniforme de 13 degrés de chaleur. Il est certain quelle est d'un grand effet hygiénique.

Il est même possible d'ouvrir dans le creux des murs, et au-dessus des planchers bas, des bouches d'air qui, l'été, ont le précieux avantage de rafraîchir la température des pièces, de ventiler un garde-manger, etc., etc.

Sous le rapport de l'acoustique, cette disposition de courant d'air dans le milieu du mur a un résultat non moins heureux. En effet, qu'une onde sonore frappe la paroi extérieure de la première cloison de face : la transmission affaiblie par les tubulures des briques creuses a lieu cependant à la paroi intérieure. Et comme il y a solution presque complète de continuité entre les deux cloisons, la seconde est peu ébranlée, la couche d'air, seule, est mise en mouvement. Mais comme l'air est le véhicule du son, le courant entraîne au dehors le bruit propagé de l'extérieur au vide des deux cloisons.

Ainsi les bruits de la rue, cette grande cause de trouble dans le travail et le repos, si fréquente à Paris, est neutralisée avec des murs de très-faible section, à très-bon marché; l'hygiène et l'acoustique reçoivent une application rationnelle, très-efficace, qui contribue puissamment à rendre cette maison agréable comme habitation.

La ventilation particulière des pièces est faite d'une manière aussi très-simple. Le ventilateur se compose (suivant la grandeur des chambres) d'une, deux ou trois, etc., briques creuses dont les tubes sont dirigés perpendiculairement à la rue, de manière à mettre l'air intérieur en communication directe avec l'air extérieur.

Dans la pièce habitée, et au-devant de la brique-ventilateur, existe une plaque de tôle, ou registre, monté sur charnières, avec une petite crémaillère en fer. Les briques-ventilateurs sont toujours placées en sens opposé de la cheminée ou d'une croisée (selon le cas). Le registre s'ouvre facilement, et facultativement, à tel degré qu'il plaît au locataire de l'ouvrir.

Les pièces peuvent être ainsi parfaitement ventilées sans être refroidies.

COLONNES DE FONTE.

Système d'assemblage.

Les colonnes portent au rez-de-chaussée sur des plaques de fonte dans lesquelles elles sont emboîtées.

Le chapiteau de la première colonne reçoit le socle de la deuxième et ainsi de suite; l'assemblage est fait au moyen de boulons et d'écrous.

L'aile inférieure des poutres porte sur le socle de la deuxième colonne.

Les poutres sont assemblées avec les colonnes, soit au moyen d'une bride circulaire à boulon et écrou, soit au moyen de rivets avec jeu suffisant pour la dilatation.

Les colonnes sont reliées entre elles par une chaîne avec ses ancres.

Les fermes du comble sont en fonte formée par des colonnes creuses.

CHARPENTE.

Le faitage et les plates-formes sont en chêne et les chevrons en sapin.

MENUISERIE.

Toutes les portes extérieures et les croisées sont en chêne.

Les portes intérieures en sapin rouge et les panneaux en grisard.

Il y a des plinthes dans toutes les pièces.

SERRURERIE.

Les portes extérieures sont fermées avec une serrure forte de sûreté.

Les portes intérieures avec bec-de-cane et verrou de nuit.

PEINTURE.

Les peintures sont faites à l'huile, à trois couches, deux tons.

VITRERIE.

Elle est en verre demi-double deuxième choix, dans les mesures du commerce.

TENTURE.

Les chambres à coucher sont tendues de papier avec bordures.

MARBRERIE.

Les chambranles ne sont pas comptés dans le prix de 400 fr.; la pose seule est comprise.

FUMISTERIE.

Tous les intérieurs des cheminées sont rétrécis en briques réfractaires, châssis en tôle et avec panneaux de faïence.

GAZ.

L'installation se compose : d'une colonne montante d'un bec à chaque palier et de trois becs à chaque appartement.

DÉCORATION EXTÉRIEURE.

Le style de la maison procède d'une idée dont il est l'expression.

Il résulte naturellement des matériaux employés et de leurs formes architectoniques.

La brique appareillée suivant sa coloration par les oxydes métalliques, donne une ornementation qu'on peut varier à l'infini.

Les bandeaux sont formés par des briques faisant saillie sur la façade. Ces bandeaux peuvent être construits simplement par la brique employée dans les voûtes. Dans le plan ci-joint ils sont composés de claveaux de terre cuite blanche et ornée ; sous ces claveaux et en retraite sont des briques en saillie de différentes couleurs.

Les plates-bandes des baies sont en brique et en terre émaillée.

Les joints sont faits en mortier hydraulique.

TYPE Nº 2.

Le type nº 2 est une maison destinée à l'habitation d'une famille ouvrière.

Il a obtenu, à l'Exposition universelle de 1867, la 1re médaille d'argent.

Le système adopté est absolument semblable à celui expliqué pour le type nº 1.

Prix de revient, 130 fr. le mètre superficiel.

III.

Ces maisons économiques sont donc solides et confortables. Au point de vue locatif elles offrent de sérieux avantages.

Nous n'avons pas à les déterminer.

Ce n'est pas à nous, poursuivant le but d'abaisser le prix des loyers par l'économie des constructions, qu'il appartient de fixer le revenu de semblables maisons.

Le propriétaire saura bien ce qu'il doit être.

Nous dirons seulement que si ces maisons étaient louées au taux ordinaire, elles donneraient au capital un intérêt considérable. Mais il nous est plus agréable de penser que le spéculateur intelligent, tout en se réservant un revenu largement rénumérateur, profitera du bon marché de la construction, pour abaisser le prix des loyers au-dessous du taux général.

Telle est, suivant nous, la véritable solution du problème des maisons économiques.

En effet, par ce moyen, tous les intérêts sont satisfaits.

Le capital est placé avec sécurité ;

Le revenu est élevé, certain, sans variation inquiétante.

Voilà pour le côté financier.

Le côté moral n'est pas moins heureux : il est la conséquence logique du premier.

Diminuer le prix de nos dépenses de première nécessité, c'est, sous un des aspects de la question scientifique et sociale, le but éternel des réformes progressives.

Le bien-être humain en découle avec toutes ses heureuses conséquences.

Parmi les problèmes économiques que la société moderne cherche à résoudre, le loyer à bon marché est un des plus importants.

Il intéresse l'homme au même degré que les autres questions capitales qu'on appelle :

Les impôts ;

Les traités de commerce ;

Les institutions de crédit ;

Les voies de communication ;

La production à bon marché des denrées alimentaires et des matières industrielles.

C'est dans l'application des systèmes économiques, basés sur la science de la construction, et rehaussés par un art méthodique, qu'on trouvera la double solution matérielle et morale du problème posé : *Les maisons de grand rapport et les loyers à bon marché.*

Nous l'avons victorieusement prouvé déjà. Les nombreuses constructions édifiées par nous, d'après ces principes, en sont le témoignage éloquent et irréfutable.

Paris. Typ. A. PARENT, rue Monsieur-le-Prince, 31.

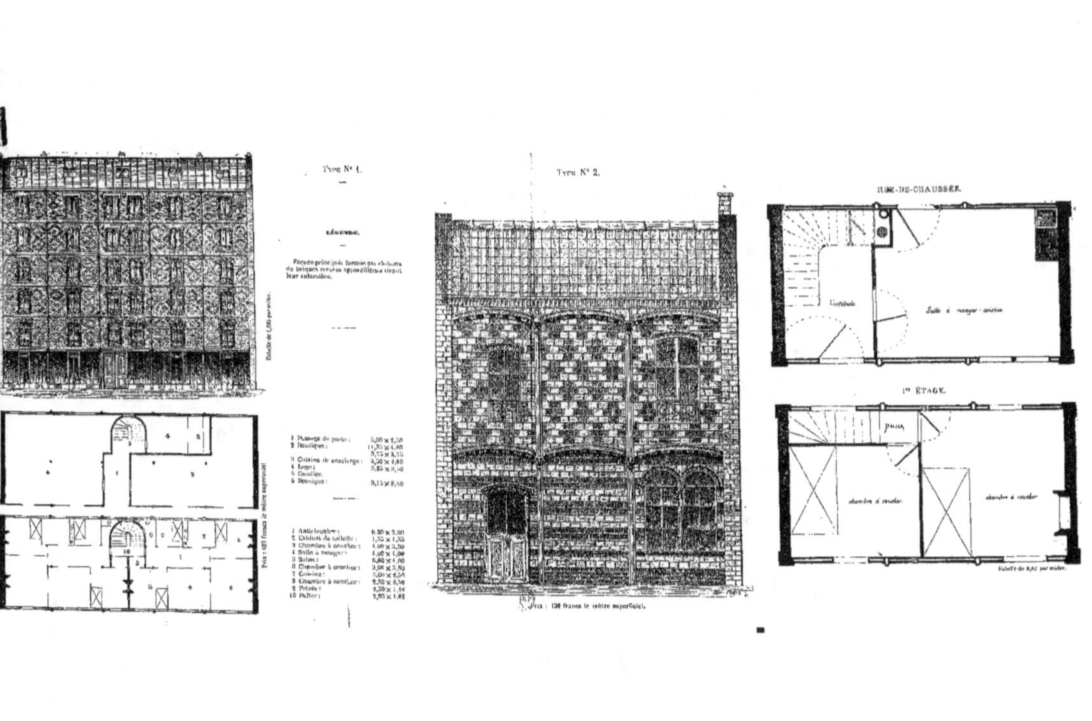

Type N° 1.
Échelle de 0,00 par mètre.
LÉGENDE.
Façade principale formée par des bandes de briques creuses appareillées suivant leur coloration.
1 Passage de porte :
2 Boutique :
3 Cuisine de concierge :
4 Loge :
5 Escalier.
6 Boutique :
1 Antichambre :
2 Cabinet de toilette :
3 Chambre à coucher :
4 Salle à manger :
5 Salon :
6 Chambre à coucher :
7 Cuisine :
8 Chambre à coucher :
9 Privés :
10 Palier :
Prix : 105 francs le mètre superficiel.
Type N° 2.
Prix : 130 francs le mètre superficiel.
REZ-DE-CHAUSSÉE.
Vestibule
Salle à manger-cuisine
1er ÉTAGE.
palier
chambre à coucher
chambre à coucher
Échelle de 0,01 par mètre.

DU MÊME AUTEUR :

LE TARIF DE LA VILLE ET LES GRÈVES ;

TARIF DES OUVRAGES DE PIERRE A FAÇON ;

LES CIMENTS HYDRAULIQUES. — Le Passé, le Présent, l'A-
venir ;

LES PANS-DE-FER.—Système de construction économique;

LE JOURNAL DES PROPRIÉTAIRES. — Revue de la science
économique de la propriété immobilière. (*Collection des
n^os parus à l'Étranger*);

LES ARÈNES DE LA RUE MONGE ET LES MORTIERS ROMAINS;

ÉTUDES CRITIQUES VARIÉES sur l'Art architectural, la Construction, la Voirie, etc. ;

L'ARCHITECTURE A LONDRES. (*Sous presse.*)

Paris. Typ. A. PARENT, rue Monsieur-le-Prince, 31.

www.ingramcontent.com/pod-product-compliance
Lightning Source LLC
LaVergne TN
LVHW012110030726
842523LV00002B/829